CHRISTIAN MÜLLER

Von den Sinnen und darüber hinaus

novum pro

www.novumverlag.com

Bibliografische Information
der Deutschen Nationalbibliothek:

Die Deutsche Nationalbibliothek
verzeichnet diese Publikation in
der Deutschen Nationalbibliografie.
Detaillierte bibliografische Daten
sind im Internet über
http://www.d-nb.de abrufbar.

Alle Rechte der Verbreitung,
auch durch Film, Funk und Fernsehen,
fotomechanische Wiedergabe,
Tonträger, elektronische Datenträger
und auszugsweisen Nachdruck,
sind vorbehalten.

© 2020 novum Verlag

ISBN 978-3-99064-955-8
Lektorat: Alexandra Eryigit-Klos
Umschlagfoto:
Eknarin Maphichai | Dreamstime.com
Umschlaggestaltung, Layout & Satz:
novum Verlag

Gedruckt in der Europäischen Union
auf umweltfreundlichem, chlor- und
säurefrei gebleichtem Papier.

www.novumverlag.com

Vergebt uns, wir entstehen, werden und vergehen.
Göttlich gesegneter Sternenstaub,
von den Ätherwinden fortgetragener Blütenraub.
Sich nach Ewigkeit sehnend,
ins Unermessliche dehnend.
Unendlich frei und um nichts weniger zu sein
als dieser hohe Heiligenschein.

Inhaltsverzeichnis

Vorwort 9

Gedichte

Das wiedergefundene Lächeln 13
Guter Rat ist billig 14
Der Gott in uns 15
Der Kreuzzug des Propheten 18
Sturmwinde 20
Die Bestimmung 22
Das Licht 23
Das Wort 25
Der Geist 27
Das Unendliche 29
Die Zeit 30
Ein Schicksal 32
Straße der Entscheidung 33
Reminiszenzen 34
Sehnsucht 35
Der Traum des Lebens 37
Pächter des Lebens 39
Der moderne Mensch 40
Das Schöne – die Elegie des Seins 42
Ein Moment der Harmonie 43
Mondschein 44
Der Traum 45
Der Schriftsteller 46
Das abstrakte Element im Kunstgenuss 47
Wo ist das Sein? 48
Der Eid 50
Heimat 51
Der Sternentod 53

Aphorismen und seichte Halbwahrheiten

Die Tugenden der Sinne als Ersatz für große Fernen 57
Die Axt zum Segen der Menschheit? 59
Die Freiheit an der Leine 60
Die Gesundheit des Herzens in der Ehrlichkeit 62
Die Erkenntnis der Wissenschaft
oder die Wissenschaft der Erkenntnis 65

Vorwort

Wir leben schneller, lieben praktischer, bedauern und vergessen schneller. Wir fühlen alles, doch nichts berührt. Ein berauschendes und betäubendes Gefühl der Hilflosigkeit und Unverantwortlichkeit, das aus dem Maß an Fülle und Übersättigung hebt, welches uns mit unserer Zeit im Gleichgewicht hält. Ein gewaltiger, sich von seinem kulturellen Erbe lösender Strom sinkender Gegenwärtigkeit und steigenden Nachdrucks einer zerfließenden, unnahbar gewordenen Welt und Wirklichkeit.

Ungebremst strömt das Leben durch die Fenster unserer Seelen: Maßlos und voll von Bedeutung. Geballt, groß, zweckentfremdet, vage, herzlos, haltlos und wahr; verdünnt gewinnt und erreicht bald ein Maß an Härte, Überdruss und Würdelosigkeit, welche die engen Grenzen der Körperlichkeit und Gefühlswelt sprengen. Nichtsdestotrotz sind Gefühle die einzige Möglichkeit im Leben aufzugehen.

Es liegt nun an der Oberfläche Mensch selbst, sich entweder fest im Wurzelwerk des neuen Erdreichs zu verankern oder im Zuge eines nostalgischen Misstrauens gegenüber dem Morgen zu widersetzen.

Sehnen wir uns infolge verschiedener Gefühle der Entfremdung und Entfernung also nicht gerade jetzt nach einer Dimension der Ruhe und Reflexion, nach einem wehrhaften Register an Fiktion und Imagination gegen das sich andrängende Tageslicht der neuen Welt.

GEDICHTE

Das wiedergefundene Lächeln

An alle Herzen,
Gesichter ohne Namen.
Nebenrechnungen im großen Plan,
Einzelschicksale und der Evolution
bizarrer Humor Samen.

Verwelkt wie die Götter,
selbstverliebt wie wir.
Propheten des Zweckes und Willen.
Auf ewig verdammt
des Lebens Hunger und Durst zu stillen.

Entmutigt, gebrochen und resigniert.
Eingebunden im Kausalrausch
des rastlosen Strebens.
Immun der Schönheit des Lebens.

Unermüdlich überreizt und getrieben,
scheint ein Lachen ein ferner,
gar unerreichbarer Klang.
Doch solange ein Herz schlägt,
ein notwendiger, fast kompulsiver Drang.

Ein verlorenes und wiedererkämpftes Recht,
das vor dem Gesicht der Welt besteht.
Mit kühner Gewohnheit
und Gleichmuts passiver Härte,
die entblößte Seele wiederbelebt.

Guter Rat ist billig

Du bist groß, stolz und mutig
und doch schon fast besiegt.
Du suchst das Glück
und willst das Leben fühlen,
und doch wagst es nicht zu berühren.

So tritt ein durch jenes Tor.
Atme ein des Lebens Beben.
Öffne dich den Klängen und Fängen,
die verstreut unter allzu tauglicher Nüchternheit
und verflossenen Stunden grauer Nichtigkeit.

Überwinde die selbstgewählten Ketten
die dich niederhalten.
Hefte dich an das Mögliche,
lese im Moment das Ferne.
Stehe bei Gewinn und Verlust
fest zu deinem Sterne.

Ruhe auf dem Gewissen,
stütze dich auf das Wissen,
wachse in und über die Welt.
Verwurzelt im Glauben an Mensch und Zukunft,
der dich am Boden hält.

Lass das allmächtige Werk
ungefiltert in dich strömen.
Eingereiht in den großen Strom der Ewigkeit.
Flimmernde Irrlichter unter dem Himmelszelt,
die Atome und Seelen der neuen Welt.

Der Gott in uns

Ich bin das Kleine, Große,
Herzliche und Beherzte,
Bestürzende und Tieftraurige.
Liebende, bisweilen Hassende,
Besitznehmende, Fesselnde und Besessene.
Die Vielfalt und Einfalt,
Schein und Scheinheiligkeit,
das Tragisch-Komische,
Seltsame und emotionslos Logische.

Ich bin der Boden, auf dem du stehst,
der Himmel, dem du entgegenstrebst.
Heimkehr und Flucht,
Fluch und Segen.
Das nahe Ende
und verzweifelte Flehen,
der lethargische Stachel
und Weigerung zu gehen.

Die Sanftheit, die im Schönen harrt.
Der fließende Strom und
willkürliche Ordnung,
die darin erstarrt.
Ich bin die Quelle, die nie versiegt.
Wurzel, Blüte und Lebenskraft.
Der wunde Punkt, dem alles entspringt,
und Kreis der sie umschlingt.

Die kraftvollen Krümmungen wüster Begierden
eines endlosen Traums.
Das hohe Moment der Erleuchtung,
sanctum sanctorum des spirituellen Raums.
Ich bin der verhüllte Wunsch auf deinen Lippen,
der fiebrige Geist trunkener Nüchternheit
und lüsternes Fleisch auf deinen Rippen.

Das Wort auf deiner Zungenspitze,
das vielleicht noch nie erklungen,
doch wohlgeformt,
das mächtigste Feuer,
das auf Erden je besungen.
Ich bin das Gesicht der Rache,
Heimkehr der Reinheit,
Meister und Knecht.
Das Tor zur Freiheit
und eiserne Gesetz.

Ich bin Streiter wissenschaftlichen Glaubens,
Henker, Kläger und Moral.
Die im höchsten Kampf
erlittene Qual.
Die fortgesetzte Reihe im großen Streben
und blinder Phantasmen Beben.
Der sich durchsetzende Fluss an
Tauglichkeit und Güte
und Irrtum im Glanz des Stolzes Blüte.
Das ewig brennende Feuer und Licht,
in der Erfüllung der täglichen Pflicht.

Ich bin ganz Körper und doch unnahbar.
Der Atem der Welt.
Die Menge an Knoten und Knochen im Weltgerüst.
Magisches Band und Sehne
die sie zusammenhält.
Ich bin die Hilfe, die erbeten und entsandt.
Nehmt Krone und Schwert aus meiner Hand!
Eine sakrale Verlegung,
die Aussaat und Ernte des prophezeiten Land.

Hier zu zeugen und Wort ergreifend,
habe viel zu lehren,
doch nichts zu beweisen.
Denn ich bin der Gerechteste
und Weiseste unter euch Lehrern
und glühendsten Verehrern.
Ich bin in dir und Gegenüber,
die warme Haut und kalte Welt darüber.
Entdecke dich und leugne nicht,
Auge in Auge mit dem Horizont,
Angesicht zu Angesicht.

Der Kreuzzug des Propheten

Er sucht den Sinn, den er nicht verstand,
die Sinne, die er nicht gekannt.
Die erste Wahrheit und des Wunders Macht,
jene, in welche der Himmel und Erde,
und das Leben in sich gebracht.

Ein Zeichen und Symbol größer als er,
ein Kreuzzug wider der schönen Welt.
Ein aussichtsloser Kampf,
indem das eigene Ich besiegt oder fällt.
Der Geist der Zeit hat ihn ergriffen,
die große Aufgabe gestellt.

Er steht fern und fremd unter dem Mensch,
eine einsame Höhe selbstgewählter Verdammnis.
Eine Insel kalter Überschau
und selbstentflammter Wacht.
Ohne Halt und festen Boden,
einsam probend durch die unerhellte Nacht.

In unzeitgemäß beklemmender Fremde,
dort, wo noch kein Pfad sichtbar,
folgend der Legende.
Hier, wo nur der aufrichtige Glaube
an den Wert des Menschen trug.
Eine naive Gesinnung,
die in Ernüchterung und wüster Verbitterung entlud.

Er fühlt mit Schmerz den Verlust und Glanz,
der ganz dahingeschwunden.
Jahre der Einbuße und Rastlosigkeit.
Die Ideale verworfen,
die Menschheit verdammt.
Willenlos entkräftet, gealtert und leer,
passt die alte Haut nicht mehr.

Gleichwohl den Glauben verloren,
reicht er voll des Trotzes
noch einmal nach dem Morgen.
Doch sein Schicksal war besiegelt.
Er stand der Welt firm,
doch hoffnungslos gegenüber.
Nie verstanden und doch gänzlich durchdrungen
und letztlich von ihr bezwungen.

Sturmwinde

Das Temperament der Erkenntnis schallt in mir,
waltet durch das stille Dunkel
mit katalytischer Macht.
Indes das Urgestein finsterer Verwerfung
mahnt zur Vorsicht und Bedacht.

Eine hybride Seite blinder Wut durchwühlt die Sinne,
durchteilt die Stimme der Vernunft.
In sinnhafter Lust
und sinisterer Lüsternheit gefangen,
befeuert eine sehnsüchtige List das Verlangen.

Es regt und bebt
im Stile eines großen Wunders.
Ein verbildeter und unbeugsamer Glaube
an Fortschritt und hoher Sittlichkeit.
Im Zyklus des Wandels Saat,
ein Orkan, tief und abgründiger
Zersetzung naht.

Ich fühle die Sinne entgleiten,
mich von allen Seiten bedrängt.
Ich kenne keine Ruhe,
gewähre keine Gnade.
Schnell haschen die Visionen,
Gedanken, die wie Schatten vorübertoben.

Ich verbrauche mich fortwährend,
erneuere mich fortwährend.
Sterbe fortwährend,
damit ich leben kann.
Ein würdeloses Leiden und Reiben
auf dem Weg zu einer besseren Welt.
Ein Sieg ohne Ruhm,
doch ich heile nun!

Die Bestimmung

Schmerzlose Empfindungen im Auge des Daseins.
Die Gunst eines Reizes
und seelsorgender Strudel,
gewonnen aus den Regungen des Stoffes
kausaler Progression und sinnhafter Obsession.

Ein sich ergebender Abschluss,
das Werden einer Lust
aus Unmittelbarkeiten von probend'
Maß, Form und Sicht.
Lebhaft in der Bestimmung der Aufgabe und Pflicht.

Das Aufgehen im Leiden der nahen Dinge,
in den ausgeleuchteten Winkeln der Welt.
Die Zügel der Menschheit,
im unergründlich tiefen Lebens Sinn,
entfesselt nach freien Begierden hin.

Ein tendenzielles Treiben und Schweifen.
Die reichen Erben richtungsloser Weite
selbst der letzten Dinge Weisheit und Behüter.
Der Mensch das Schicksal in den eigenen Händen hält,
eine fast verschwenderische Befreiung vom Zustand der Welt.

Ein Gebot von Gründen unbarmherziger Gesetzmäßigkeiten
aus dem großen Zusammenhang gehoben,
um im menschlichen Ertagen
die Würde und Bürde des Lebens zu tragen.
Der Wert und Nutzen des Erkenntnisgewinns,
bleibt die letzte Zergliederung existenziellen Widersinns.

Das Licht

Die Tiefe repräsentiert den Beginn der Welt,
doch vermag ein wurzelloser Schlund erhellt
oder verbleibt nur der Rückzug zum innersten Punkt,
um die äußersten Grade zu berühren und
die dunklen Dämonen zu verführen?

Eine feindliche Sehnsucht treibt in die Offenbarung,
in das Märtyrertum des Geheimnisses,
das aus dem wechselseitigen Bündnis spricht,
in der Erkenntnis und Empfängnis Sicht.

Der schallende Druck der Sinne niemals schweigt,
ein Kreislauf von unbarmherziger Hand betrieben,
beginnt mit jedem Schritt Erleben,
die Welt zu dauern und zu geben.

Hier entspringt die Arznei,
die Neugier und Liebe zu einer gesundenden Welt,
die sie im Gleichgewicht auf
ihrer hohen Bahnen Gleise hält.

Doch muss erst von dieser Quell' getrunken,
um die skurrilen Knotenpunkte und stringenten Prämissen,
den feingeknüpften Teppich organisch' Weben
im kohärenten Lebensmuster wahrzunehmen.

Alles verläuft in endlosen Streifen.
Das unendliche Streben
ein ewig zirkelnd' Strom.
Der letzte Kreis und höchste Lohn.

Eine lautlose Umarmung
wissenschaftlicher Beschwörungen
die unermüdlich die Welt vernetzt.
Erfüllt von Ehrfurcht und Erstaunen
den Leitsatz des Lebens
in das höchste Licht versetzt.

Doch der Blick darf nie gestillt bemessen,
denn nicht erhellt der lichte Schein,
die wesenslose Nacht zum Sein.
Selbst gelichtet in den Dingen,
nur für und durcheinander da,
zerstört der Mensch
in Zeiten der Aufruhr,
die nonchalante Stille
und kalte Güte der Natur.

Das Wort

Das höchste Wesen in Gedanke und Wort an uns trat
und als Natur und Gesetz
zur Bereicherung des Menschen Rat,
kampfbereit, doch spärlich ausgereift,
unstillbar sich der Unendlichkeit naht.

Die in Worten gereifte Erkenntnis,
das Chaos des ursprünglichen Eindrucks wandelnd,
in abgrenzende Wirkungen
einer körperlos sprachlichen Welt,
das den Sinn des Lebens,
das formale Gerüst der Welt erhellt.

Schöpfer geistiger Bilder,
Regent der Bestimmung und Vorwort zur Tat.
Wiege der Moral und Reinheit der Kultur,
die darin gewaschen ward.
Das Vortreffliche der Bestimmung im Namen,
neben denen der Kaste von Zahlen.

Eine melodische Philosophie bedeutender Gefühle,
im Ertagen von Antwort und Frage.
Tief wurzelnde Sätze von erheblicher
Ausdauer und Bedeutung.
Linguistischen Moden permanenter Stetigkeit,
als Ursprung von Sinn und Wahrhaftigkeit.

Ein Anker des Genusses
eines sentimentalen Blutes,
das darin kreist.
Eine Schublade der Aufbewahrung
und Tor zur neuen Welt.
Epos aller affektiven Formen.
Dichter der Tiefe eines berauschten Seins,
Keim der Reife und des Reims.

Ein Dunst emotionaler Bilder,
ewige Zeugen kosmischer Poesie
und schöpferischer Synergie.
Aus Wortes Samen intelligiblen Feld
entwuchs und erblühte eine Welt.

Der Geist

Ort, in dem alle Gedanken wohnen.
Hologramm verwandtschaftlicher Identität,
zu dem Haus, dem er entspringt.
Eine neue Dimension,
die vom vergangenen bis zur Zukunft dringt.

Ein expandierender Druck und innerer Konflikt,
Punkt zurückgewendeter Reflexion.
Vermächtnis wahrer Urgewalt,
fähig zu lieben, zu kriegen,
und aus Ketten Freiheit zu schmieden.

Vorwärts treibt sein Puls,
prophezeit das unbekannte Land,
predigt die noch unvorstellbare Lehre.
Drängt auf Fernes, Ungebundenes
und sich selbst zur eigenen Ehre.

Ein herrenloses Schicksal
das sich selbst ergreift.
Architekt und Schatten der Welt,
der sie formt und bereit.

Die heilige Stätte des Geistes,
der goldene Kelch,
das Mekka der großen Weltseele.
Hoffnung, Schöpfung und Variation,
Prinzip, Diskurs und Vision.

Ein geheimer und geübter Grübler,
der über Sein oder Nicht,
Vorhersehung, Schicksal und Not
in großen Dramen spricht.

Der ewige Zweifler,
der seine eigenen Kreise zieht.
Gedanke, der sich gedankenlos
in seiner eigenen Wege Chaos
zu verlieren droht.

Erwachsen und gewachsen,
ebenbürtig der Welt.
Unnachgiebig ihr Dunkelstes erhellt.
Im Ansinnen und Erhebung freien Willens
mit seinen Wurzeln bricht.
Sich Zug um Zug von Schicksals Zorn
und Bann freispricht.

Das Unendliche

Eine Reifeprüfung, die ins Unermessliche wächst.
Plateau des Gleichgewichts und inneren Konfliktes.
Eine Gegenrechnung fader Zufallsmacht,
eingehüllt in wesenslose Nacht.

Ein flimmernder Takt der Dissonanz,
Gegenwehr und Diskrepanz.
Ozean, in dem alle Ströme kreisen,
urzeitliches Blut und Triebe kehren,
schrankenlose Fantasien sich gebären.
Tausend Tentakel fortwährend knüpfen,
aus gestörtem Gleichgewicht
neue Funken und Impulse schlüpfen.

Ein wachend' Potenzial, das niemals ruht,
ein tiefer Abyssus,
der nicht mit Verlockungen geizt.
Das *Un* der Bestimmung,
das ewig zur Frage reizt.

Der letzte Sinn der Welt,
hier verborgen und begraben,
im Maß an Potenzialität,
dem Symbol der Reife und Schöpfung,
das wir fortwährend in uns tragen.

Die Zeit

Im Rhythmus sukzessiver Progression
ungebunden die Stunden fallen.
Welkes Laub,
der Treibsand des Werdens,
die Quintessenz von Staub.

Der ewige Herzschlag mitleidslos nach Beute streift.
Atemlos tilgt, verwelkt und reift.
Führt zusammen, was sich gefällt,
treibt unerbittlich auseinander,
was nicht liebend hält.
Macht Grenzenloses klein
und Unbedeutendes groß und rein.

Eine irreversible Weisheit und richtungslose Weite,
ein grenzloses Verlangen nach Heimat und Sein.
Die Hoffnung auf ein Anfang oder Ende,
ein großer Dichter und Schicksals Keim.

Die gestreckte Länge der Existenz,
ein organischer Wesenszug,
der ganz gehört des Lebens Sicht.
Doch wider allen Kampfes Walten
vermag auch der Mensch
die Zeit nicht aufzuhalten.

Die fortgesetzte Kette von Spaltung und Fusion.
Ein Eilen und Verweilen
in der Gültigkeit der Dauer.
Ein Bild ohne Rahmen,
der wunde Punkt von Angst und Trauer.

Waage und Banner der Welt,
das große Element im Weltgefüge.
Härte und Strenge des Maßes.
Delphisches Orakel sensueller Disposition
oder doch nur Grenzmacht der Illusion?

Ein Schicksal

Das Auge von der Gegenwart
zur Erfüllung sehnt.
Aus geistiger Rohgestalt
sich die zukünftige Form entlehnt.
Träume jetzt,
unsere Zeit entwurzelt sich.

An aller Pforten Örter und Zeiten,
nach Trieben und Belieben,
ziellos schweifend und getrieben,
traumhaft verzogen
das Schicksal in sich reift.

Das Universum ein unzähliger Pfad.
Eine Sphäre ungeschriebener Möglichkeiten.
In endloser Entfaltung und mannigfaltiger Richtung,
bereichert um eine Geschichte,
die erstrahlt in deinem Lichte.

Ein leeres Wissen,
das im Stillen formt,
von gewaltsamer Gerechtigkeit betrieben.
Doch entlang der schicksalhaften Wallung Lebensbahn,
der Hölle Vorzug oder Paradies,
stets bleibt Urteil im geheimen Weltenplan.

Straße der Entscheidung

Kalkulierend, unermüdlich spekulierend.
Entlang der Straße der Entscheidungen,
das Leben zählt: Gewinn und Verlust,
Bedauern, Reue und ungenutzte Chancen.
Ein unendliches Feld unberührter Vakanzen.

Ich streife im Richtungslosen der Lust und Intuition,
schließe Zweifel und Zufall aus.
Verantwortung bei Irrtum und Willen.
Hinaus in die Welt!
Das zulässige Maß an Freiheit zu stillen.

Ein gelegentliches Sein ohne Soll und Nutzen.
Ein Kreisen an der Oberfläche verführerischer
Düfte und Gefälligkeiten,
längst verloren geglaubter
sinnlicher Verfänglichkeiten.

Im Nebel der Existenz harmonisch treibend,
im Sorgen um das Selbst verschwenderisch leidend.
Aus weiter Ferne kampflos fortbestehend,
sehe ich regungslos erstarrt
das Maß abgegoltener Stunden
und Jahre zur Neige gehen.

Reminiszenzen

Magersüchtig das Universum verdünnt,
hielt sich Erden, Leben und Kulturen.
Voll von Kraft und Seelenlichte,
bis auch sie vergangen,
sublimiert in der Geschichte.

Ein letzter Sommerabend,
ein freier Vogelflug
über die Landschaft des Seins.
Eine Wucht, die aus allen Tälern und Tiefen ragt,
und doch, sich leidenschaftlich jeder Erklärung versagt.

Ein schwerelos' und furchtloses Schweben
über die Farben des Lebens
und den reifen Nektar, der sie nährt.
Der Vielfalt der Schatten gebrochener Form,
arglos wandelnd im zweckerfüllten Sein.
Ferne Punkte der Hoffnung entrückt,
dann blindlings wieder verdächtig leicht entzückt.

Ein Konsortium gebrochener Herzen.
Ein Spektrum an Geboten und Verboten.
Farben der Unschuld und Ungeduld.
Ein Leben in der Warteschleife,
surreal und grotesk.
Von einem unbegreiflichen Ziel getrieben
und bedingungsloser Selbsterhaltung verschrieben.

Sehnsucht

Ich sehne der Welt entgegen,
hinab von metaphysischen Schwingen
in das Leben, der großen Gnade,
welche mir versagt,
lebe ich im Ausdruck,
der Vergangenes überragt.

Falsch geboren,
doch freie Vergangenheit nun
im Eindruck und Erleben.
Wahllos in der Verzweiflung,
groß in der Herausforderung,
unendlich im Streben.

Ich vernehme ihr Rauschen,
die Seele der Welt.
Ihr Winken und Locken,
ihren Glanz und Schein.
Ihr Hoffen und Erwachen,
ihre frivolen Gesten um geringes Sein.

Ich sichte nach Bruch in der Welt.
Wirke in der Absicht
die noch keine Ziele kennt.
Ich besitze Glauben,
habe Zweifel und Bedacht,
aus dem ein randloses Universum
an Fragen entfacht.

Der fade Schein der Existenz
im Spiegel der Reflexion
und selbstverschuldeter Restriktion.
Ich atme fort in den Straßen
die mir längst fremd,
einem steingewordenen Ornament.

Ein Pantheon der Zuflucht und Sehnsucht.
Rückhalt ursprünglicher Kraft,
Medium und Orakel,
aus dem die neue Vision und Zeit erwacht.

Der Traum des Lebens

Profane Tempelkämpfe der sich füllend' Natur.
Wesenslos und randlos in Erscheinung,
füllt sich Schritt für Schritt im Weltenlauf,
vom Staub zum Geist
die Welt mit Leben auf.

Ein lebendiger Wink
und unbeugsames Derivat.
Ein Charakter der Natur
auf der Suche
nach seinem eigenen Pfad.

Brandungen von Eignung und Schuld,
Kraft, Reife und Ungeduld.
Eine vage Ahnung voll Weisheit,
energetischer Sucht und Neid,
Aufbegehren und Leid.

Stufe um Stufe,
Treppen der Trauer,
erloschenen Heiligenscheins,
ganz hinauf zum höchsten Tempel,
dem Exitus des Seins.

Ein besonderer Aufschwung,
der Durchgang des Lebens in der Erfahrung.
Meilen des Fortschritts
im Spiegel eines vornehmen Verdachts.
Ein bewunderungswürdiges Misstrauen
gegenüber menschlichem Verlangen,
das in der Warteschleife zwischen
Leben und Tod gefangen.

Ein Fortgang in kleinen Schritten,
die Überwachung endlicher Ressourcen
durch den Anmut der Sitten.
Die gleichberechtigte Koexistenz,
im flammend Feld der Widersacher,
deren Ahnen unmenschlich Entbehrung gelitten.

Ein Leben auf der Wanderschaft,
das kein Ziel und Endpunkt kennt.
Ein fast verbrauchter Atem,
der nur das unmittelbar Nächste nennt.
Doch im Laufe der Vervollkommnung ausheilender Kräfte,
wiedergenesen die ewig zirkelnd Lebenssäfte.

Ein Schicksal auf der Suche nach seiner Seele.
Ein Segen der niemals fällt.
Die perfekte Formel,
nicht nur des Überlebens,
sondern das Leben,
als Schlüssel zum Tor zur Welt.

Pächter des Lebens

Ich bin Pächter eines Lebens,
in mir waltet göttliche Kraft.
Regung, Hoffnung und Segen.

Ich erwähle mich aus dem kalten Erbe
einer nüchternen Pflicht und Prophezeiung.
Fühle das Verlangen einer reifenden Versuchung,
einer epischen Mission und Berufung.

Vor mir lockt die Unmenge an Welt,
in mir schabt das Lebens Leid,
doch freies Sein immerhin,
das unermesslich wächst in der Zeit.

Es bindet mit strengem Blicke.
Eine frostige Stärke erstarrt in mir.
Aus urzeitlicher Härte
eine autonome Gerichtetheit tritt,
die tausend Jahre Geschichte litt.

Tiefe Bewusstseinsgrade entwachsen
innerer Selbstzerfleischung.
Betrieben von Gesetzen,
die als Mensch und Geist
ein höheres Niveau der Welt besetzen.

Der moderne Mensch

Das Motiv Mensch,
Sehnsucht, die an großen Zielen reibt.
Selbst erhellender Prophet,
der im Leben vor sich treibt.

Ein heimatloses Abenteuer
und Maß, das Freiheit fängt.
Ein Kontingent der Tiefe,
das unnachgiebig vorwärts drängt.
Anker und autarke Kraft,
das des Sinnes Wehen entfacht.

Seelenfunken, der aus dem Unrecht
einer unheilbaren Welt schwebt.
Sein inneres Feuer und Bedürfnis,
allgegenwärtige Härte und Form,
aus seiner Zeit Verlangen hebt.

Lodernd metaphysische Flammen,
die unnachgiebig die Welt verschieben.
Selbstsicher und voller Zweifel,
selbstgenügsam, doch stets unzufrieden.

Platzhalter und identitätsleer.
Persistenz, Ungeduld und Pflicht.
Der moderne Mensch,
emotionale Divergenz
und naturales Gleichgewicht.

Er sucht sein Heil in Autonomie und freier Wahl,
denkt global und urteilt rational.
Er fühlt und erfüllt seine Zeit,
Stück für Stück.
Hat die Vielfalt der Möglichkeiten vernommen,
will nicht mehr in den Kampf,
ins Blut zurück.

Das Schöne – die Elegie des Seins

Verletzt, verführt und irritiert,
die Sinnlichkeit an des Herzens Ufern rührt.
Dort, wo für einen Moment
der Augenblick die Ewigkeit berührt.

Doch nichts vermag das Herz auf ewig zu halten,
niemals finden wir dieselbe Welt,
alles Lebenswerk zerfällt.
Das Auge ward nicht dieser Kraft verliehen,
nur das dünne Band
des Menschlichen zu befrieden.

Doch jene Unvergänglichkeit des Momentes
zum Trotz und Trost
sich im Schönen fand.
Eine unbegreifliche Nähe,
als sei sie dem Leben selbst verwandt.

Ein erstes Lächeln und sanfter Rausch.
Der Lebensfalte fesselndes Geleit.
Ein ruheloser Nerv,
voll von rücksichtsloser Schönheit.

Ein langatmiger impulsiver Nährstoff.
Substrat der Dichter
und ästhetischer Sturm.
Ein segenreich umworbener Liebreiz
und Transzendenz der Norm.

Ein Moment der Harmonie

Das Blitzgewitter ferner Sterne
schallt zurück in die Seele.
Der Schatten der Gedanken
legt sich über die weite Flur des Moores
unbesiegter Genüsse und Möglichkeiten.

Die Gabe und Rache des Rausches.
Ein Moment der Verursachung und Unreinheit,
der Selbstverwüstung und Unverständlichkeit.

Ein eingehülltes Bangen unbeugsamer Gedanken,
ein ferner Klang eines sehnsüchtigen Verlangens.
Ein zähes und ungebrochenes Einatmen der Fülle
an Lust, Tragik und Verzweiflung.
Ein erkämpftes Recht und Pflicht zur Reifung.

Im Genuss der Erwartung,
eine warme und weiche Harmonie entfacht,
lindert den Schmerz, der dich hier her gebracht.
Hier wo die Welt endet, beginnt die dein.
Unnahbar, idealistisch und rein.

Mondschein

Zu den grausamen Göttern
gleicher Himmel urzeitlicher Gefilde
die letzten Engel in die Lüfte hoben.
In mystischer Stille und Milde,
die Welt der Schatten
gelöst vom Stein und Boden.

Ein verdrießlich letzter Lichtgewinn,
ein melancholisches Sentiment
auf unduldsamer Lauer.
Wehmütig sehnend nach
Mondlichts samtblau kühlen Schauer.

Ein sphärischer Klang,
in der weiten Luft der Nacht.
Der tiefe Fall ins Vergessen wertloser Fracht.
Der großen Geste des Vergebens.
Im ungebunden surrealen Schweben
erwacht der Kontrapunkt des Lebens.

Die stille Heimkehr.
Die Trance der Sieger über den Tag,
befremdlich gleichnishafte Visionen vor sich wälzt.
Und da die Gestirne nun verschnaufen,
kreise ich in mir selbst.

Der Traum

Suche und finde mich in deinem Traum.
Er verstand ihre Worte,
ohne ihr Geheimnis preiszugeben.
Denn nur hungrige Geister trieben dort ihr Unwesen.

Der Schriftsteller

Ich lebe, liebe und fürchte
als Urmensch, Unmensch und Übermensch
in einem Netzwerk aus Abgründen und Ursprüngen.
Reichlich, reinlich und bereinigt.

Mein Auge sieht, was euren bleibt verhüllt,
in der Kühnheit grenzenlosen Verlangens,
ungestillt und unverhohlenen Ansehens,
Erlebens und Bangens.

Der Neid schwillt frei in mir,
so die Geltungssucht.
Das Übermaß an Genius, Genuss und Sucht,
erwärmt vom Klang der Nacht,
die mir Freund und Flucht.

Ich verleihe mich fortwährend an die Welt,
um dich aufzunehmen in die meine.
Betroffen von der Güte und Schönheit,
die mich überall sucht
werde leuchten ich.
Selbst in meiner dunkelsten Stunde
noch fähig zu werfen, hellstes Licht.

Doch ich gehöre dem Erdreich
und nicht den Göttern
und so fürchte ich,
den Ausschlag gab nicht der Himmel über dir,
sondern das dunkle Tier in mir.

Das abstrakte Element im Kunstgenuss

Leidenschaft: die Sprache der Kunst.
Ein Glaubensbekenntnis
im Ausatmen sensueller Affekte.
Ein Triumph der Aura.

Eine Dialektik des Blickes,
Zustand der Nachahmung und Vernichtung.
Verwischte Spuren des Zur-Schau-Tragens
und transzendenter Lichtung.

Gekünstelte Formen der Spitzfindigkeit.
Eine eingebildete Güte
und eingeübter Zweifel.
Die Tendenz zur Entzweiung,
Verstellung, Entstellung und Befreiung.

Proportionen der Sinnlichkeit divergieren.
Eine Bewunderung für das Unbegreifliche.
Eine meisterliche Anmut der Fremdheit
in entfesselter Rage
und unverbrauchten Worten
narzisstischer Ekstase.

Ein lancierter Scharfsinn und schwindsüchtige Höhen,
in freier Erwartung letzter Bestimmung.
Eine wohltemperierte Skala des Ausdrucks
im neutralen Sichten
und urteilslosen Richten.

Ein Porträt der Grenzen Sicht
und Normen Kur.
Reflexionen im Spiegel des Zeitgeistes.
Aufbruch und Ausbruch einer Kultur.

Wo ist das Sein?

Wo ist der unverbrauchte Gedanke und Wille,
das hüllenlose Sehnen
durch die fragile Stille?

Wo ist die Zeit, die im Raume regt,
der dumpfe Glockenschlag,
der sie vernebelt und Geschichte schlägt?

Wo ist der freie Atem
des atmosphärischen Weltenklanges,
der Ursprung aller Fragen,
utopischen Gesanges?

Wo ist das noch unbestimmte Symbol des Tiefenrausches,
das höchste Spannung in sich trägt
und die erstarrte Zeit wiederbelebt?

Wo ist das Wahre,
die wenig schmeichelhafte Sprache der Wirklichkeit,
für die ihr Tränen gebt;
ein Einvernehmen,
das ohne Mythen und Masken lebt?

Wo sind die Farben des Schicksals
und das große Werk,
das aus ihm trat,
die Nabelschnur des Lebens,
das dort einzog und zur Stärke ward?

Wo sind die Sinne, die dem Weg des Lebens weisen,
die Hoffnung und der Glaube,
die warme Erde, die mich trägt und duldet,
mir Leben und Schicksal schuldet?

Wo ist das formvollendete Himmelsblau,
das mit Genuss ergraut,
dessen verbrauchter Atem
noch immer ungestillt, nach neuer Nahrung schaut?

Wo ist der Zauber des synergetischen Jahrzehnts,
das über tausend Elemente gleichzeitig stillt,
die silikonen Synapsen und synthetischen Täler
der Materie und Geist verzahnenden Räder?

Wo sind die Ränder der verbotenen Zone,
der Anfang der Linien und Glaubenssätze,
und dienstbare Licht, das aus der Kultur
der Mensch-Maschine zu uns spricht?

Hier ist die Welt, die wir verschuldet und entschuldigt.
Hier der leise Aufschrei, der lethargisch harrt.
Hier die Ignoranz, die weiter Stillschweigen wahrt.

Der Eid

Vor meiner Seele öffnet sich
ein Dilemma dunkelsten Lichts.
Eine Welt der Bedürfnisse und tragischer Umstände.
Erschütterte Grundfeste, Überdruss und Stagnation.

Generationen von Gedankenlosigkeit.
Absenzen der freien Welt.
Ein Mangel an Augenmerk,
in der eine veranlagte Gegenwart
in ein verlorenes Dasein fällt.

Eine öffentliche Erschöpfung
und irdischer Mangel an Freiheit.
Ein spärlicher Umfang an Emotion
und kühner visionärer Vision.

Ein Verdikt der Vernunft.
Eine Deklaration der Verantwortung und Pflicht
gereift aus Not und Leidens Quellen.
Die Liga der Menschheit,
unter das Pathos altruistischer Interdependenz zu stellen.

Die Freiheit unter den Sternen
entlockt Chaos genug
um die Welt in ihrem treibend' Schweiß und Blut,
ihren bittern Tränen des Erwachens
und herzhaft schallend Lachens,
ihren Ängsten und gelegentlichem Flehen,
Hoffen, Suchen und Ersehnen,
ihren schöpferischen Drängen und Gestalten,
zum Wohle aller Menschen zu verwalten.

Heimat

Die hohen Segel der Nationen wehen fest im Wind.
Eine schreckliche Treue und Pflicht.
Ein Gleichnis von geringer Macht,
das nicht mit meiner Stimme spricht.

Blutige Grenzzüge, die Mensch und Erde teilen.
Zwischen Grabhügel und Flammenbrand
erwacht aus aufgewühlter Erde das neue Land.
Sein Horizont durch den grenzüberschreitenden
Weitblick des Geistes umspannt.

Repräsentanten der Menschheit,
nicht Vertreter von Nationen.
Eine neue Weltordnung in der Einheit der Ideen,
die den ewigen Kreislauf gleicher Fehler widerstehen.

Ein fortwährendes Ausschau halten,
eine Verheißung der Modernität,
die sich ihrer Irrungen,
Historie und Verlust
und ebenso ihrer großen Zukunft ist bewusst.

Eine späte Gesinnung
und rührende Genesung.
Ein altruistischer Drang,
der aus den grausamen Irrungen des Schicksals fand.

Eine Epoche und Impuls,
der überwindet den Stolz
tausend gleicher Kopien
in Vorrauschau und Erwartung eines fernen Ziels.
Ein Wegweiser im Labyrinth der Welt,
kritisch, aufgeklärt und liberalen Stils.

Ein Eid reicher Ernten,
in der eine Handvoll Seligkeit blüht.
Das Gesicht der Welt
in dem wieder Hoffnung glüht.
Ein ernster Segen,
sanftmütig, nobel und mild,
indem mitnichten
ein Fünkchen Unsterblichkeit schwillt.

Der Sternentod

Am Firmament kreist ein weiser Psalm,
ein purpurner Dunst im Nebelschwall,
sich wogend in der kalten Wiege des endlos' All.
Ein ferner Punkt empfindsamer Tiefe,
Reminiszenz in der Regung edler Seelen Gunst.
Ein Weltschmerz, der auf ewig weiterstrahlt in uns.

Ein kosmisches Skript,
überliefertes Maß an Staub und Heiligenschein,
hoher Hort und Götterschrein.
Heimat und Grenze des Lebens,
seiner Reife und Strebens.

Ein erster Frühling,
einer katalytisch durchströmten Metamorphose
von schauerlicher Wirksamkeit und kalter Effizienz,
einen gehärteten Überzug,
zynisch entblößender Eloquenz.

Ein beseelter Maschinenpark
der um sein Überleben ringt.
Doch seine erkaltende Flamme,
nur noch das Epos einer großen Vergangenheit besingt.

Ein Zeugnis und Relikt, das nicht mehr regt,
dessen altes Herz nur noch mechanisch schlägt.
Die Seele einer abgelaufenen Uhr.
Einst Habitus und Sinnbild einer großen Kultur.

Ein Gewebe chronologischer Gestalt,
biblisches Verzeichnis und des Lebens erster Halt.
Für einen Wellenschlag freien Lichtes lang,
formten hier die freien Wirbel des Werdens
von unvollendeter Schönheit,
großen Zusammenhang.

APHORISMEN UND SEICHTE HALBWAHRHEITEN

Die Tugenden der Sinne als Ersatz für große Fernen

Wenn das notwendige Tageswerk das Leben austrocknet, so erfreuen umso mehr die hohen Werke in der sterndurchtränkten Nacht.

Das schwere Herz und die harte Erde treiben Raubbau an der Verwirklichung innerer Möglichkeiten, beschwören einen Stoizismus des Vordergrundes herauf.

Es ist eine Schönheit im Ertragen der Tristesse und Härte, gleichsam jedoch auch ihrer Überwindung.

Dem Tagträumer vermag die Realität nicht zu schrecken!

In den raren Momenten des *Selbst-zufrieden-Seins* oder des *Eins-Sein-mit-der-Welt* schwebt nicht nur eine persönliche und unverwechselbare Note mit, sondern auch eine gewisse Transzendenz, die eben weiter reicht als dieses *Ich*, das diese Welt so nötig hat.

Sind Erinnerungen nur melancholisch sinnbildliche Museen? Ergraute und unerfüllte Hoffnungen, welche aus der Ferne geschaut ihren Schrecken verloren haben?

Wir scheuen, meiden und fürchten wir ihn. Doch zu Unrecht. Der *Schmerz* ist keine diabolische Kraft, die dem Leben feindselig gegenüber steht, sondern sich vielmehr schützend vor ihm stellt. Noch verweigert er uns die Liebe, sondern ist letztlich nur Ausdruck einer dunkleren Form von ihr. Es bedarf erst die Reife des Alters und unzählige seiner Zyklen um dies zu verstehen. Dennoch, wer anders als wir könnte eine derart gnadenlose Symmetrie schätzen, verstehen und sich an ihr berauschen?

Vorsicht ist geboten, denn schon ein kleiner Überschuss an Augenmaß mündet alsbald in einem Konjunktiv für die Tat und sodann in einem Imperativ für die Moral.

Allem großen Weltschmerz zum Trotz trägt letztlich der anmutige und doch vergleichsweise spärliche Flügelschlag des Nachtfalters ebenso viel Macht und Schicksal in sich wie das größte Drama. Man reibt sich unentwegt an höheren und großen Zielen, denn man glaubt einzig sie hätten Bedeutung, bis man schmerzvoll das Gegenteil lernt. Doch dann ist es bereits zu spät für das eigene kleine Drama.

Die emotionalen Kostbarkeiten und bleibenden Eindrücke auf unserer Reise begegnen uns in der Regel noch in jungen Jahren der ersten Lebenshälfte. Eine Kühnheit im Atem der Unmittelbarkeit des Erlebens und Empfindens, welche – in ihrer ideellen Empfängnis noch nicht abgestumpft oder zynisch verhärtet – noch mit einer zu durchdachten Reife und Tiefe erlebt wird, auch wenn es in der Regel eine Zeit braucht, bis diese Schattenspiele gänzlich selbstbewusst ans Licht und Leben drängen. Doch dann sind sie schon Geschichte und Persönlichkeit geworden.

Die Axt zum Segen der Menschheit?

Die großen Segel der Loslösung müssen zum einen windfest sein, um den Gegenwinden standzuhalten -, anderseits noch löchrig genug sein, um nicht wieder von ihnen in das alte Fahrwasser abgedrängt zu werden.

Jeder Gedanke halbiert die Welt in der er wurzelt und schafft sich durch Wiedervereinigung, dort wo der Kreis sich erneut schließt und vollendet, sein eigenes Universum.

Es geht viel höhere Menschlichkeit im ewigen Kampf um den Status quo zwischen *Alt* und *Neu* verloren.

Das Wohlbefinden jeder neuen Kultur wird aus tiefen Grausamkeiten heraus geboren und gesichert.

Wir predigen Frieden zumeist grade durch die Hand, welche ihn zu zerstören trachtet und somit alle Hoffnung zerschlägt, eben doch jemals das Unmögliche wahr werden zu lassen!

Der dumpfe und modrige Atem von Verruchtheit und Korruptheit fördert -eingekleidet in luxuriösen Worten und würdevollen Klängen – mitnichten auch die Moral, welche jene selbstverschuldeten Wunden jedoch auch nicht mehr zu heilen vermag.

Das Lehrgeld des Lebens formt selbst seine größten Krieger.

Die Götter sind grausam, die Engel ins Exil verdammt. Doch wenn die Götter das Universum schufen, wer, denkt ihr, wird es wohl zerstören? Doch unter den Trümmern fanden wir eine Philosophie des Sieges, der wir fortan – wie die Segel dem Wind – folgten.

Die Freiheit an der Leine

Bruderkrieg: Die Bändigung der Natur für und durch den Menschen ist kalte, kühle und letztlich nicht ganz ungefährliche Akribie. Doch auch jene mühselig und so folgenschwer errungene und abgerungene Freiheit, im Zuge fortwährenden Bannens und Fassens und damit erzielten und gesteigerten Autonomiegewinns vermag die Kette nicht vollständig zu zerreißen.
Das *Sein* ist mit Freiheit nicht verträglich. Es ist in seinem existenziellen Finitismus selbstbegrenzend; im Kontrast zum Werden. Hier fehlt gerade das Träge, Feste und Begrenzte, das Vorhersehbare und Verlässliche, das Fundament des Tragischen.

Beginn und Ende sind nie gänzlich dem Selbst zugehörig, sondern nur das kurze Aufflammen zwischen diesen beiden Antipoden, über denen stets eine dunkle Wolke der Wut, Mahnung und Verheißung treibt, die sich von Zeit zu Zeit zu entladen beliebt.

In den großen, von den Sinnen entfachten Seelen brennt weit mehr Liebe und Neugier als Hass oder Angst, welche mit scheinbar spielerischer Leichtigkeit die schwere Kette zum Hinterhof dieser finsteren Opponenten, welche das notwendige Gleichgewicht wahren, zerschellen lässt und so fähig sind, für einen kurzen Augenblick Weg zu weisen, bis sich die Waage wieder neu einpendelt.

Unendlichkeit bedeutet für den Menschen Ziel, Ferne und Sehnsucht. Ein freies Schicksal, rastlose Verwirklichung – im Gegensatz zu seinem individuellen Sein als ewiger Alltagsmensch.

Die Sklaven des Nahen, des Alltäglichen, des *wahren* Lebens tragen ewig ihre selbst erwählten Fesseln. Sie sind ihnen inzwischen Heim und Lebensversicherung im Dunkel und Wirrwarr des Weltgeschehens, welche jedoch gerade nur zum Nächsten und Greifbaren reichen und alles darüberhinaus argwöhnisch verneinen.

Ständig nehmen wir Gefangene oder verpfänden uns selbst und doch, im unerklärlichen Gegensatz dazu, befreien wir uns fortwährend im selben Maße von der Welt und unseren Pflichten ihr gegenüber!

Die Türen der Welt führen nicht hinaus ins Freie, sondern tief ins Innere, zum Kern einer organischen Wahrheit, welche größer ist als dieses Symbol Mensch. Wir müssen in diesen dunklen Abgrund hinabsteigen, um uns selbst erheben zu können. Dort, wo keine göttliche Macht sich verirrt, verwalten wir selbst unser Schicksal.

Der Unterschied oder vielmehr die Gemeinsamkeit zwischen Freiheit und Höhe besteht in einer gewissen Selbstvergessenheit. Doch von dieser ist im letzteren Fall wohl abzuraten.

Des Lebens Freiheit besteht darin, wahllos und nach Belieben zu irren. Einzig wir ketten uns an Wahrheit und Gesetz.

Die Gesundheit des Herzens in der Ehrlichkeit

Es ist eine Frage des Standpunktes, ob man nun das Schöne im Wahren oder das Wahre als Ausdruck des durchgeistigt ästhetischen Wachseins betrachtet.

Das Merkmal des Mutes. Sein Herz!

Leben heißt Leiden lieben lernen.

Ist Selbstgenügsamkeit nur ein Tod auf Raten? Nicht für uns Müßiggänger.

Der Riss im Gedächtnis, das Morphium der Moralität.

Gefestigte Meinungen *flackern* am Horizont.

Trotz aller Unwahrheit die dem Leben unvermeidbar anhaftet, bleibt es dennoch höchster Ziele würdig.

Weder das Gesetz noch eine höhere Macht, sondern Ungewissheit und Angst entzündeten das unstillbare Feuer. Von dort an waren die Sternstunden der Wahrheitsfindung nur eine unvermeidbare Folge einer einsetzenden Entwicklung.

Gleichwohl es unzählige Wege zu lieben, zu leben, zu sterben und zum Glück gibt, führt doch wohl letztlich nur ein Weg zur Weisheit.

Im Sieg, Erfolg, Schadenfreude und frenetischen Hass sehen wir uns geeint. Im über uns herfallenden Unglück gänzlich auf uns alleine gestellt!

Auf der anderen Seite vom Schmerz liegt Weisheit, doch was ist falsch mit diesem Bild?

Es ist das Recht des Gläubigen in seiner geistigen Empfindsamkeit, sich über die Gleichgültigkeit kosmischer Horizonte gegenüber seiner Person oder der Welt im Allgemeinen hinweg zu täuschen.

Unsere Kunst zu leben, oder vielmehr der Mangel an selbiger, vermag mit Sicherheit den Sonnenlauf nicht zu stoppen. Doch darin sollte für jedermann auch etwas Trost in dieser gegenüber dem Menschen indifferenten Gewissheit mitschwingen. Ins Kleine übertragen: eben grade hier den Mut zum Loslassen und damit wieder zurück zum Leben zu finden.

Es gibt auch Missstände und Gegensätze in der Mäßigkeit und Gleichgültigkeit.

Man erhebe die Gläser! Auf das feste Maß an Ungereimtheit, Ungerechtigkeit und Elend, das einem jeden Bürger zu einem vielleicht letztlich doch höheren Sinn und Zweck zusteht!

Warum sollte das Gras auf der anderen Seite immer grüner sein? Wenn man bedenkt, das Leben und alles was es umgibt und stillt, aus demselben Urgrund auf – oder abstieg. Prosaischer ausgedrückt: alles hat sein *Für* und *Wider* und kommt zu einem gewissen Preis.
Trotzdem wähnt sich der Mensch eben immer nur dort glücklich wo er nicht ist oder wähnt gar, sein Glück durch Besitztümer mehren zu können.
Er findet sich zunehmend uneins mit der Welt und seiner gegenwärtigen Lage, welche sich im stillen Meilen von dem fortschlich, was einst – aus den übermütigen Auge der Jugend betrachtet – eine rosige Zukunft zu verhießen schien. Eine unstillbare unerfüllte Sehnsucht über die er bisweilen sein eigentliches Leben vergisst. Nun findet er alle Türen bis auf eine verschlossen. Akzeptanz!

Man nehme sich vor der Härte und dem Argwohn des Gedächtnisses in Acht und helfe sich mit einem gelegentlichen Gläschen Wein darüber hinweg.

Man liegt wohl nie gänzlich falsch darin auch unter energischem Einspruch des Ego ein gesundes und befreiendes Maß an Dummheit für sich selbst in Anspruch zu nehmen.

Die Erkenntnis der Wissenschaft oder die Wissenschaft der Erkenntnis

Was wäre eine Welt ohne Wunder und Verwunderung, ohne Zerstreuung in der Aufgabe, tief eingebunden im Rätsel der Welt und des Lebens?

Das Privileg des Fragens und Hinterfragens bleibt der Kern und Keim, der uns treibt und zur Verwirklichung drängt. Ein rührender Aufschwung, der jedoch erst in den späteren Taten der Bewertung zugänglich wird.

In Anbetracht der Fülle an unbearbeiteter roher Zeit, die auf uns und zukünftige Generationen einfließt, bleibt diesbezüglich wohl jedwedes Gleichnis inadäquat. Das Geheimnis, das uns das Heute daher als Aufgabe und Rätsel vorgibt, mag vielleicht schon morgen gelöst, jedoch erst in einer fernen Zukunft ins rechte Licht gesetzt und ad acta gelegt sein.
In Anbetracht der Summe an Morgen, bleibt die eigentliche Frage jedoch unausgesprochen. Doch nichts kennzeichnet das geistige Menschentum der Neuzeit wohl mehr, als gerade diesen seltsamen, unbezwingbaren und unbeantwortbaren Aspekt im großen Weltenplan und Ganzen stoisch als gegeben hin zunehmen und die Fülle an Morgen unnachgiebig der Reihe nach abzuarbeiten.

Aus Fehlern lernen? Ein Blick zurück entlang kostspieliger Irrwege aller Formen und Ausformungen menschlicher Gestalt lässt zu allen Zeiten eine gewisse Konstanz oder Summe an immer wieder begangenen gleichen Fehlern sichtbar werden. Da nun vergangenes Verhalten wiederum ein starker Indikator für zukünftiges ist, bleibt wohl auch für die zukünftige Abfolge von Menschengeschlechtern ein gewisses Bluten fast unvermeidlich. Anderseits erscheint – bis eben auf diesen kleinen Schönheitsfehler das nackte Skelett des Menschen in immer neuen Gewändern und Kleidern, und da diese bekanntermaßen Leute machen...

Wissenschaft im modernen Zeitgeist als die goldene Fassung des Glaubens: dem Bekenntnis zur Offenbarung. Doch im unendlichen Felde iterativer Schöpfungen und Verwirklichungen selbst nur ein Aperitif, mit *Wirklichkeit* als ihr Ideal und Führer, doch eben kein sättigendes Hauptmahl.

Der Alltagsmensch bedarf mit Sicherheit nicht des großen Welträtsels. Doch anderseits ist er sicherlich auch einer Wertung oder eines Urteils fähig und willens. Ein winziger Impuls also, der über die Jahre dennoch zu einem mächtigen Strom an zuwachsen vermag. Langer Rede kurzer Sinn: Niemand kann sich dem Leben entziehen oder sich ihm versagen. Es gilt daher soviel als möglich von selbigem in Erfahrung zu bringen, um die ineinander verwobenen Elemente in einem für den Menschen harmonischen und vorteilhaften Kompositum zu vereinen und zu dirigieren.

Wie weit das Metaphysische vom Kleinen, Grauen und Alltäglichen auch immer entfernt scheint, so bleibt es doch letztlich immer nur eine Frage der Perspektive und des Blickwinkels, in welcher jeweils nur der eine offenbart, was der andere deutlich und klar in sich trägt oder verhüllt: ein flüchtiger Blick hinter den Vorhang, eine Panoramaschau unter dem Morgenstern. Ein kurzes Aufflammen in der Hoffnung und Verrechnung ungeahnter Möglichkeiten, geschützt durch eine Unendlichkeit von Wundern und Mythen, Sagen, Irrtümern und Illusionen und endlich von den Maximen der Wahrhaftigkeit.

Die Schwierigkeit für die Historie liegt wohl gerade darin, einen Bezug zur Gegenwart zu finden. Doch da wir biologisch gesprochen selbst nur so etwas wie Vorrichtungen sind, in denen ein vergangenes Ereignis in die Gegenwart und damit implizit in die Zukunft gehoben wird, wäre es wohl nicht übertrieben zu behaupten, dass das Interesse an der Historie zu einem guten und gesunden Teile dem Selbsterhaltungstrieb geschuldet bleibt.

Das große Weltmoment bleibt als solcher eben gerade nichts anderes: eine Momentaufnahme. Ein Picknick im Grünen. Nicht wert darüber den Kopf zu verlieren, auch wenn die Natur jenen unnachgiebig einzufordern scheint.

Es gibt immer ein Vorher, das irgendwo beginnt und von dort, auf einer gewissermaßen vorherbestimmten Trajektorie fortführt, auf der es jedoch beständig an Fahrt und Autonomie hinzugewinnt und so im günstigsten Fall die Schallmauer zu durchbrechen vermag.

Das Universum ist das Symbol für die Unendlichkeit schlechthin und doch erstreckt es sich eben nur soweit, wie das Auge zu sehen vermag. Wir halten einzig die Endlichkeit, das weltliche in unseren Händen, der Geist jedoch die Unendlichkeit fest vor Augen. So ist man doch eher skeptisch geneigt zu fragen, was wohl noch auf ewig verhüllt für uns bleibt?

Um den Macht – und Geltungsbereich dieser bedrückenden und beunruhigenden dunklen Weite zu brechen, muss sich im selben Maße der menschliche Geist weiten. Alles ist eben nur Wunder solange es nicht verstanden.

Der Erkenntnisstrom speist sich im Wesentlichen aus den im Laufe der Zeit und Geschichte aufgestauten Bächen und Brunnen. Die ab – oder zunehmenden Grundwasserspiegel kompensieren demnach die Wolkenbrüche der Gegenwart mit ihren jeweils eigenen spezifischen Problemstellungen, aus welchen sich dann wiederum nachfolgende Generation stillen und so den Kreislauf schließen. Wer oder warum nun letztlich diese Brunnen überhaupt gegraben wurden, bleibt eine rein rhetorische Frage vom untergeordnetem Interesse. Dies ist Sache von Mythen und Sagen, von welchen jede Kultur und Theorie ihre eigene faszinierende Auffassung, Interpretation und Geschichte unterhält.

Selbsterkenntnis heißt zu einem guten Teile auch immer Naturverständnis. Solange der Mensch *ist*, muss er sich und diese Welt hinterfragen, umgarnen und bekämpfen, um reinen Gewissens in den Spiegel der Natur und damit auf den tiefsten Grund seiner eigenen Seele zu schauen und sich in jenen Reflexionen selbst zu finden und erfinden.

Eingesenkt in einem Kontinuum, einem Ozean an Potenzialität, atmen wir durch die Filter und Trichter des Lebens, der Nabelschnur – dort, wo das organische in eine materielle Weite hinauswächst – die nährstoffreiche unendliche Vielfalt an möglichen Formen, Farben, Arten und Gestalten als Grundsätze in uns ein. Diese Symbole und Elemente des Lebens, primär vererbt, die eben das sind, was sie sind, um ihr Leben und Überleben zu sichern, tragen darüberhinaus auch ein gewisses Maß an Potenzialität als lichten Anreiz im Zuge des Selbstverwirklichungsdranges in sich, um nicht nur das zu sein was sie sind, sondern auch sein könnten. Doch erscheinen aus noch ungeklärten Gründen meistens nur ihre negativen Attribute an der Oberfläche. Was aber wäre, wenn …?

Gleichgültig wie alles begann, welchen Verlauf es nahm oder noch nehmen wird. Das Ende gewinnt immer! Kurioserweise weigert sich gerade das Leben selbst, sich dieser ungebrochenen, scheinbar unantastbaren Gewissheit zu unterwerfen. In vielerlei Hinsicht repräsentiert diese Sturheit die beste und gleichsam dunkelste Seite von uns.

Bewerten Sie dieses Buch auf unserer Homepage!

www.novumverlag.com

Der Autor

Christian Müller, geboren 1973 in Magdeburg, absolvierte ein Ingenieurstudium und arbeitet seither als CNC-Bediener und CNC-Programmierer. „Von den Sinnen und darüber hinaus" ist sein zweites im novum-Verlag veröffentlichtes Werk, dem die Publikation „Analyse des Scheiterns oder das Prinzip der Selbsterschaffung" (2017) vorausgeht. Beide Bände sind ein lebendiges Zeugnis der Virtuosität des Autors, aus dem reichhaltigen Wortschatz der Sprache zu schöpfen und sich ihrer gekonnt zu bedienen, um seinen originellen Gedankenspielen Ausdruck zu verleihen.

novum VERLAG FÜR NEUAUTOREN

Der Verlag

*„Wer aufhört
besser zu werden,
hat aufgehört
gut zu sein!*

Basierend auf diesem Motto ist es dem novum Verlag ein Anliegen neue Manuskripte aufzuspüren, zu veröffentlichen und deren Autoren langfristig zu fördern. Mittlerweile gilt der 1997 gegründete und mehrfach prämierte Verlag als Spezialist für Neuautoren in Deutschland, Österreich und der Schweiz.

Für jedes neue Manuskript wird innerhalb weniger Wochen eine kostenfreie, unverbindliche Lektorats-Prüfung erstellt.

Weitere Informationen zum Verlag und
seinen Büchern finden Sie im Internet unter:

w w w . n o v u m v e r l a g . c o m

Christian Müller

Analyse des Scheiterns oder das Prinzip der Selbsterschaffung

ISBN 978-3-99048-760-0
166 Seiten

Für den Menschen ohne Scheuklappen gibt es nach Camus kein schöneres Schauspiel als die Intelligenz im Kampf mit einer ihr überlegenen Wirklichkeit. Mit der organistischen Philosophie sind wir bestens für diesen Kampf gerüstet!